Lola

Joni Järvi-Laturi

Sisällysluettelo

I

Runollista stand-up-komiikkaa

Kun Putouksen pelle häpäisee itsensä televisiossa
Hän pääsee kansakunnan kaapin päälle
Kun herkkä ja hellä sielu häpäisee itsensä elämässä
Hän menettää elämänilonsa ja sairastuu

Nykyaika on liian ongelmallista
Kaikki pitävät huolen siitä että asioista tehdään
Mahdollisimman vaikeaa
Mahdollisimman mielisairasta
Mahdollisimman mahdotonta
Ja ihminen on kuin kone
Jonka tehtävä on voida hyvin
Asiat ovat monimutkaisempia
Media tuputtaa meille lisää neuroottisuutta
Hyvinvoinnin valhe jossa yksinkertainen kauneus tuhoutui
Ennen keskityttiin olennaisiin asioihin
Asioihin joissa oli sisältöä
Asioihin jotka uudistivat jotain muuta
Kuin hyvinvoinnin valhetta

METROPOLIA

olen huolehtija, pienten asioiden vaalija
olen kaupungin ihmisten, asioiden tarkkailija
olen laittanut varjoni lähelle arkisuutta
nautin kaupungin kierrosta, sen paulasta

eräs laulaja on hiljattain perehtynyt mystiikkaan
mitäköhän siitä tulee vielä tapahtumaan
metrossa tuttu lukee lehdestä tärkeitä asioita
se liittyy kahteen ihmiseen joita ajattelen bussissa

elämän viralliset puolet minua ajavat
sormillani internetin maantiedettä selaan
asuntoni ilmapiirissä on aavemaista harmautta
olen internetin hiljainen palvelujen kuluttaja

on tämä kuin herkkyyden metropolia...
on tämä kuin herkkyyden metropolia...

palveluita myös kaupunginosassani kulutan
menen erilaisiin kokouksiin joissa kehitän kaupunkia
erilaiset tapahtumat minua silloin tällöin kiinnostavat
tarkkailen asematunnelissa romania jolle puhua

sairaalassa käyn tapaamassa ystävääni rakasta
opiskeluelämän byrokratia minua kiinnostaa
ostan pullollisen votkaa jota juon kotona
talvi-iltana majoitan huoneeseeni maahanmuuttajan

ja öisin talven lumen laskeutuessa maahan
mietin repliikkiä lainaamastani rikosromaanista
minkä jäljen jätän vuosikymmenen meren murhaan
mietin että elämäni on kuin dekkaria ilman väkivaltaa

VANHOJEN ARKISTOJEN SALAISET KANSIOT

menneisyys on kuin kaukainen unen maa

sen arkistoissa haluan käpertyä, palella

menneisyys on pois heitettyjä juhlia karttoja

niiden illoissa haluan tutkia, unelmoida

on kuin aivoni olisivat kotoisin siitä maailmasta

on kuin käteni levittäisivät kirjaa kahvitahraista

on kuin olisin olento nostalgian planeetalta

on kuin haluaisin säilyttää vanhan nykyajasta

näe kauneutta

näe pehmeitä arvoja

näe muistoja

näe muotoa

ne juhlat ovat loppuneet jo pitkän aikaa

niiden rakastaminen merkitsee pehmeitä arvoja

vanhoja keltaisia valokuvia parvekkeista

ilman niitä ei ole eläväisyyden tarinaa

kun hetket ovat dollareilla raiskattuja

kun uppoamme sosiaaliseen väkivaltaan

kun hetket ovat teknologialla raiskattuja

kun pidämme kauneutena rumuutta

ARKISTOLAULU

rakastan vanhoja amerikkalaisia elokuvia

rakastan 1900-luvun näyttelijöiden elämänkulkua

vapaina syntyneiden ihmisten anteliasta iloa

maailmaa syleilevien näyttelijöiden mainetta

arkistot täynnä yksityiskohtia, autistin unelmaa

kun vuosikymmenet levittyivät tiehen avaraan

on näyttelijä täynnä kuljetun polun karismaa

kun junat, merivoimat edustivat autenttisuutta

jonain päivänä maailma oppii sitä tarkkailemaan

seuraavassa elämässäni haluan syleillä vapautta

taidan siunata tätä nerouteni aarretta

taidan siunata tätä nerouteni aarretta

seuraavassa elämässä haluan kokea jotain sellaista

tämä aikako vain toistoa entisestä ajasta

on totta että loisto on johonkin kadonnutta

muistelemmeko enää tätä aikaa ikimuistoisena

vai pysymmekö nopeassa, teknisessä kuplassa

ajettu tie, avoautolla
ajettu tie, neljä autossa...

jonain päivänä maailma oppii sitä tarkkailemaan

seuraavassa elämässäni haluan syleillä vapautta

taidan siunata tätä nerouteni aarretta

taidan siunata tätä nerouteni aarretta

taidan siunata tätä nerouteni aarretta

taidan siunata tätä nerouteni aarretta

seuraavassa elämässä haluan kokea jotain sellaista

MYRSKYINEN YÖ

unohdetulla saarella istumme molemmat

sinä et käy missään, itse käyn kaupungissa

rakastamme talven lunta, pimeää taivasta

seuraamme maailmaa kodeistamme, piiloista

ketkä ovat niitä jotka aikaan sopeutuvat

ketkä ovat naisia jotka rakastavat arkea

myrskyisenä yönä sade piiskaa ikkunaa

myrskyisenä yönä sade piiskaa ikkunaa

muistan kuinka kävelimme kaipauksen Liettuaa

nyt elämme molemmat tyhjempää aikakautta

yöllä unessammeko Hampurin asemalaituria

kun syrjäytyneiden luokka kävi silloin maailmalla

ketkä ovat niitä jotka aikaan sopeutuvat

ketkä ovat naisia jotka rakastavat arkea

myrskyisenä yönä sade piiskaa ikkunaa

myrskyisenä yönä sade piiskaa ikkunaa

II

MARTE

eksoottisia uutisia luet kuin Marsin pinnalta
espanjan kieli kuin suuri uskonto rytmissä, tanssissa

Chilen metsien syvyyksissä tummanvihreitä onkaloita
Venezuelan illassa valoja, ränsistyneitä rakennuksia

kieli kuin elämänilo auringon, oranssit appelsiinit iholla
espanjan kielen oppikirjassa värejä vanhentuneita

jokin elegantti viini, jokin gorillamainen tyhmyys sanoissa
kuin getto, slangi, sangria, gato kävisi pitkin tunneleita

Madridin rakennukset kuivuvat päivän hiostavassa kuumuudessa
kielen sade, kielen veri kulkee taistellen suuresta vapaudesta

kovat, likaiset sormet kirjoittavat koukeroista kirjallisuutta
samalla vihreäpukuiset asekauppiaat juovat espanjalaista olutta

epäluotettava taksikuski ajaa pitkin valtatietä myöhäisillassa
koko Espanja tuntuu puhkeavien tarinoiden rypäleenoksalta

kadunkulmilla punahuuliset transvestiitit tekevät sopimuksia
latinalaisamerikkalaisissa illoissa elämä häilyvää sikarin savua

Barcelonan sade

Chula Vista, miksi tyydymme sinua katsomaan

Wikipediasta, jolle tyydymme aina alistumaan

tietääkö kukaan mikä erottaa Pohjolan lian Barcelonasta?

luulen että olemme kaikki tässä veneessä samassa

luulen että tylyys on vain syy olla näkemättä unelmaa

kaikki kansat, miksemme vain alkaisi runoilijan verta jakamaan?

Herkkyyden täytyy jatkua!

Herkkyyden täytyy jatkua!

sisälläni sydämeni särkyy mutta kunnia estää likaan tuijottamasta

Moni suosio tapahtuu niille joilla ei ole paljon annettavaa

moni itsemurhaan jo päätynyt, marttyyreita luovassa maailmassa

marttyyrina olemista, koska väkivaltaiset sielut meitä alistavat

Moni puhe jatkaa kulkuaan, moni vailla pointtia

Mikään ei ole enää pyhää? mikään ei ole enää kaunista?

Andalusia, tietääkö kukaan miten erottaa sade liasta?

Herkkyyden täytyy jatkua!

Herkkyyden täytyy jatkua!

Suomen väkivalta kaatuu päälleni inhottavana

pelkoni aineellistuvat joka kuukautena viikkona

Minun sieluni on maalattu seinälle violeteilla vanhanaikaisilla sateenvarjoilla

sateen pisarat tippuvat kahviloiden terasseille satamaan

mutta elämä ja runollisuus eivät ole aina paralleeleja

Herkkyyden täytyy jatkua!

Herkkyyden täytyy jatkua!

SURUN SISAR

hän kävelee, pitkin minua, kuin lankaa

naislaulaja lohduttaa, koskettaa valollaan

hän haluan olla, joskus vaihtaa sukupuolta

en voi mitään kohtalolle jota en saa tavoitettua

hei, hei
hän surusta luotua
hän on pelkkää iloa
suun nuolentaa

miksi miehen ryhtini, on niin, puhkikulunutta

miksi tottelin muita, miksen löytänyt vartaloani omaa

hänen lauluäänensä kulkee pitkin selkärankani esinahkaa

auta minua, pliis, hän flirttailee jo laulussa liikaa

hei, hei
hän on surusta luotua
hän on pelkkää iloa
huulen nuolentaa

ja laulunääni muistuttaa huulipunasta suuresta

ja laulunääni kulkee makunystyröitä ihon, unessa

ja laulunäänen ihanaa raivoa perhosvatsassa

ja se kulkee, kulkee vaan, kuin huulen nuolentaa

ja minä tiesin, olevani seuraava, joka häviää miehuudessa

ja minä tiesin, olevani seuraava, joka toivoo naiseutta

en voi lähellänne olla

haluan olla surun sisarta

en voi lähellänne olla

te vain rumennatte minua

Lola

reidet, kädet, kaikki osat minussa lihavia

mutta kehoni tärinä saa runoudenkin rakastumaan

olen mies jonka naiset tyrmäävät julmalla tavalla

siksi syön nyt päivässä vain 1000 kilokaloria

se on kurkun sinfoniaa

tumma lintu olen taas pian

vihdoin saan laihduttaa

olen Lola, Lindroosin Lola

haluan olla käheä, tupakoiva, kuin etäinen laulaja

tummapaitaista, tummahiuksista tummatakkisuutta

haluan olla humma, lavan laulaja, elävää kurkkukipua

kuin vihollinen yhteiskunnan, kuin kuolleistapalaaja

se on kurkun sinfoniaa

tumma lintu olen taas pian

vihdoin saan laihduttaa

olen Lola, Lindroosin Lola

haluan olla hellyyttä, kravattipukuinen nainen hatulla

haluan naiseuteni kumpuavan Bond-elokuvien musiikista

pian en ole enää lihava, mies jota naiset voisivat pilkata

olen brunetti sielu vastaan nykyajan aggressiivista naista

ja kun kehoni tärisee parvekkeella

olen kuin varis, kaupunkia tarkkaileva

ja kun riemuitsen ilosta, onnesta

olen kuin maailman yläpuolella

Anni-Jennika

ennen kuolemaani nautin muistoista
kun yksinäisenä löysin valokuvani
kuin kuvat, kasvot kukkisivat
suurina sävelminä mielessäni

kuulin albumin surua jalostunutta
albumi jossa oli laulua ihanaa
laulun kertosäe kuin taivasta
mitä on sisällä tuon taivaan

sen
koukun ihanan
uudestaan ja uudestaan
kuulin
kun katsoin hymyn taa
Anni-Jennikan
sen
koukun ihanan
uudestaan ja uudestaan
kuulin
kun katsoin hymyn taa
Anni-Jennikan

seisoi hän keskellä huoneita
leirintä-alueista ulkomaihin
vuosikymmenen usein ollessa
odotusta paikoissa jossain

kuin vuodet täynnä muistoja
muistoissa tarinoiden legendaa
ja legendan sisällä taivasta
mitä on sisällä tuon taivaan

III

"Eivät he kotiin tule hakemaan"
Enkä haluakaan!
En tarvitse ihmisiä!
Jos tietäisitte sen

Millainen tabu olen ollut
Kaikki nämä vuodet
Salatuissa paikoissa satutettu
Salakavalilla tavoilla satutettu
Kenenkään ikinä huomatessa sitä
Tai vaikka huomaisivat
En tarvitse ihmisiä!
En ainuttakaan heistä!"

Sanna

mikä kimma,
mikä muija, Sanna
arvokkuutta
häpyluiden onkaloissa
mikä konsertti
kuin Stadin jäähallissa
juhlavuotiselämää,
maan, kylmän talvessa

kuka pojan pelastaa,
yksinäisyyden tuhoaa
kuin ei ois elänyt
ollenkaan vuosikausia
leijonatar kylpevä
ylpeyden vuosissa
poika elää hänen
kauttaan, rakastajana

(kuoro laulaa)

mikä unelma
täynnä elämänkokemusta
kun yksinäinen lapsuus
onnellisuuden tapaa
mitä naisen hellässä
äänessä ohjaavassa
kuin pojan elämättömän
elämän pelastamista

mikä luulon luolanainen,
äänen hellää lupausta
kun kaksi intohimon
uskovaista kohtaavat
mikä poika
runoilijamainen,
sen muusan
hameen, säärten
loistaessa
lavan arvokkuudessa

(kuoro laulaa)

mikä luulon luolanainen,
iso luu sormillaan
ottava nainen,
valtavaan tahdonvoimaan
mikä salalempeyden
salainen ihailija
puumanaismainen

taiteenrakastaja

(kuoro laulaa)

vitun kultainen tahdonvoima
piiloutuu arvokkaana tilaisuuksissa
vitun kultainen tahdonvoima
piiloutuu arvokkaana tilaisuuksissa
vitun kultainen tahdonvoima
piiloutuu arvokkaana tilaisuuksissa
vitun kultainen tahdonvoima
piiloutuu arvokkaana tilaisuuksissa
vitun kultainen tahdonvoima
piiloutuu arvokkaana tilaisuuksissa
vitun kultainen tahdonvoima
paljastuu naisen huutavassa laulussa

Pyynikki-Tammela

Kun mä kärsin ei kukaan voi kuulla mua
Kaupungissa
Älyllisiä nuoria aikuisia naisia
Joiden syleissä kissanpentuja
Taiteellisia nuoria aikuisia naisia
Jotka naiseuden statukseksi luovat
Statuksessa
Väripaletin sävyjä, muotoja
Hullujen aikuisten tervettä pintaa
Raadollisen aikuisuuden vakavuutta
Etunimet sametilla kiveenhakattuina
Pimppiä kantavat legendat
Massiivisen eeppisen sosiaalisen tarinan

Ja minä odotan
Pyynikki-Tammelan
Nuorilta aikuisilta naisilta
Idealistista kitaran kurjuutta
Ja luulen ettei se vie mihinkään minua
Ja minä odotan
Pyynikki-Tammelan
Nuorilta aikuisilta naisilta
Tyylikkään eleganssin vallankumousta
Ja luulen ettei se vie mihinkään minua

Ja kun mä kärsin he ovat aina jossain muualla
Kaupungissa
Rock-skenen tatuoituja käsivarsia
Pellavapäiden käsityöseuran juoruja
Traagisia nuoria aikuisia naisia
Heidän valinnoissaan aikuisuuden arvokkuutta
Malttavaa sosiaalista odotusta
Iltojen taksinkaltaista suuruutta
Vanhanaikaista nuoruutta Tampereella
Se yhdistää heitä Finlaysonia palvomaan
Ja maltillisen elämänmenon juhlavuutta
Kuin joki joka virtaa läpi intiaanien polkua

Ja minä haluan sinua, teitä kaikkia
Mutta en voi teitä saada, teitä koskaan
Ja Tampere kiertää kehää kuin vanha ratas
Ja syksyn nostalgiset lehdet niin hauraita

Ja minä odotan
Pyynikki-Tammelan
Nuorilta aikuisilta naisilta
Idealistista kitaran kurjuutta
Ja luulen ettei se vie mihinkään minua
Ja minä odotan

Pyynikki-Tammelan
Nuorilta aikuisilta naisilta
Tyylikkään eleganssin vallankumousta
Ja luulen ettei se vie mihinkään minua

Hilla

kaikki ne sanat,
kaikki ne sanat
pyörivät anoreksiani vaiheessa
pyörivät anoreksiani vaiheessa
pyörivät anoreksiani vaiheessa
kaikki ne sanat,
kaikki ne sanat
pyörivät anoreksiani vaiheessa
pyörivät anoreksiani vaiheessa
pyörivät anoreksiani vaiheessa

tämä ei ole sama maailma...

internetiä selaan vain hänen muistonsa takia
hän oli kuin illuusiota, unta itse todellisuudessa
muistan seksit ja shoppailut, rinkat ja samppanjat
laiturin, järven liplattavan, Ruotsinlaivojen vuosikerrat

käyn vaa'alla, kehoni herkkää kofeiinia ja verta
käteni, sääreni ovat kuin kananpoikasten paloja
pikkuhousuissa kuljen raotetun ikkunan takana
yritän miettiä mitä hän tarkoitti viimeisillä sanoillaan

kaikki ne sanat,
kaikki ne sanat
pyörivät anoreksiani vaiheessa
pyörivät anoreksiani vaiheessa
pyörivät anoreksiani vaiheessa
kaikki ne sanat,
kaikki ne joita
hän sanoi ennen kuolemaansa
pyörivät anoreksiani vaiheessa
pyörivät anoreksiani vaiheessa

tämä ei ole sama maailma...

missä hän oli vanhan jääkiekko-ottelun aikana?
missä hän oli Estonian uppoamisen aikana?
missä hän oli kun WTC-tornit iskettiin maahan?
missä hän oli 1990-luvun Helsingin YouTube-videossa?

ja vuosikymmenten dokumentoidut videot paljastavat
meren ja murhan, täynnä tuntemattomia kohtaloita
ja vuosikymmenten arkistoidut verkot paljastavat
anoreksiaa, nälänhätää ajan kulissien takana

Hesperia

Suomen kouluissa tilanteet
kylmää itsemurhaa
kun sivistys on vitsi ja
julmuus arvokkuutta

kunnioittakaa marttyyria
ruusujen traagisessa sodassa
Louna Widenius on
kuollut ja poissa

talvella Suomi ulvoo, anoo,
sätkii hulluuttaan
internetin palstoilla
aivojen ruumishuoneita

tukipalstat täynnä
hätääntyneiden huutoja
organisoi omaa
median nälkää neuroottista

runollisten silmäkulmien alla
Hesperian kosmisia haamuja
runollisten silmäkulmien alla
Hesperian kosmisia haamuja

mielisairaaloiden illoissa
hiljaista kauneutta
uudet romahdukset taas
talvena koetaan

sosiaalinen naamio
pelkkää sanojen valhetta
tämä onni korruptoitunutta
psykologista paskaa

median sanoma niin
hiljaisten halveksuntaa
ressukkoina kuljetaan
pitkin pillerien aikakautta

on ajan vahvuus ja mitta
kuin pinnallinen taivas
tämä ihana keskinkertaisuuden
ikonien aika

runollisten silmäkulmien alla
Hesperian kosmisia haamuja
runollisten silmäkulmien alla
Hesperian kosmisia haamuja

Manner

Viime yönä näin unta.

Olimme syksyn pimeänä iltana.

Sateen pudotessa maahan.

Väkivaltaisena aikakautena.

Saaristossa yhtyettä perustamassa.

Kuin se olisi poliittista taistelua.

Kuin toisimme maailmaan.

Sitä mitä sen pinnan alta paljastuisikaan.

Samppanja kuohui laseissa.

Katsoimme lainehtivaa merta.

Ajattelimme puistoa suihkulähdettä ja iltaa.

Pinnan alta paljastuvia unohdettuja maailmoja.

Yhtye oli Manner koska se kuulosti mahtipontiselta.

Ja Eeva-Liisan muistolle omistettua.

Ensimmäinen albumi kertoi öisen metsän tunnelmasta.

Levy oli metallista unimusiikkia.

Toinen sisälsi puhelinkeskustelun kesken teosta.

Levy oli progressiivista musiikkia.

Kolmas kertoi viattoman harmaasta aikakaudesta.

Levy oli eteerisen kevyttä haaleutta.

Istuin talven yönä bussissa.

Yhtäkkiä näin toista unta.

Kuljin pitkin wikipedia-artikkelia.

Ja artikkeli koski albumia.

Kuin arkeologinen yksityiskohta.

Albumi jossa olin oli kokeileva.

Sen sanoitukset kirjallisia.

Pysähdyin viimeisen laulun kitarasoolo-osaan.

Sitten havahduin huomaamaan.

Kuljen pitkin mieleni aavikkoa.

Heräsin valtavan rock-klubin vessasta.

Se sijaitsi alakerrassa maan alla.

Puhuin ystävälleni joka halusi maata.

Lavalla laulavan naissolistin kanssa.

Naisen jolla oli syöpä aivoissa.

Hän lauloi raa'asti lavalla.

Niin raa'an seksuaalisesti hard rockia.

Vimmaisesti halusin naista puolustaa.

Ja tuijotin ystävääni vihaisena.

Hän tuijotti takaisin minua.

Tästä keskustelua kesti viisi minuuttia.

Väliaika

Puhelinkeskustelu

(takkuinen yhteys ja hämärät, takkuiset ihmisäänet)

Hei, Joni. Mitä kuuluu?

Ei kovin hyvää. Muttei voi valittaakaan.

Haluan kysyä nyt kysymyksiä.

Ok.

Missä yhtyeen jäsenet vaihtuivat?

Se tapahtui Los Angelesissa.

Mitä tapahtui Los Angelesissa silloin?

Minua oksettaa. Se kuvaa hyvin sitä mitä tapahtui. Siellä oli salainen tapaaminen, me olimme salaliittoteorioiden suossa. Luimme anarkistista kirjallisuutta, tapasimme ihmisiä jotka halusivat korjata yhteiskunnan.

Missä te tapasitte?

Olimme espanjalaisessa talossa, se oli romanttisesti sisustettu. Mutta se mitä teimme oli kaukana romantiikasta. Me aloimme vihaamaan toisiamme, me aloimme vihaamaan toisiamme todella paljon.

Mistä tämä johtui?

Murruimme yhdessä, me olimme paineiden alla. (yskii) Kaikilla oli jokin persoonallisuushäiriö ja paine johti hulluuteen. Taustalla oli yksi petos.

Mikä petos?

Kaikki alkoi yhdestä baarireissusta jossa me riitaannuimme. Mutta ei tästä sen enempää. Kaikki salasivat jotakin. En halua kertoa tästä enempää.

Millaisia terveisiä lähetät Suomeen?

No pitäkää itsenne rohkeina ja terveinä.

Onko sinulla vielä jotain sanottavaa?

Olen itse heroiiniriippuvuuden suossa, en pysty tavoittamaan sitä. Se tila kun kaikki on ihmeellistä, se on hieno tila. Ei tässä muuta. Toivottavasti saan itsekin sen tilan. (yskii) Mutta tässä pitää käydä tietokoneella ja tupakoida parvekkeella ensin.

Lopulta herään sängystäni tähän maailmaan.

Olin nähnyt kolmea eri unta.

Lähden ulos kävelemään katua.

Lumi koristaa kylmän aamun katua.

Joku huutaa ja minua pilkkaa.

Menen kirjastoon lainaamaan kirjoja.

Ulkona taas joku huutaa ja minua pilkkaa.

Menen kotiin jossa sytytän tupakan parvekkeella.

Sen jälkeen teen tutkimustyötä tietokoneella.

IV

Poliittista keskustelua on kiva seurata
On kiva seurata maailman tilannetta
Ottamatta niinkään kantaa asioihin
Omaa mielipidettä hankala ilmaista
Kokonaiskuvaa vaikea hahmottaa
No en mä muuta osaa tässä hetkessä sanoa
Jään seuraamaan tilannetta

Kurkkuuntungettu

haudataanko meidät tämän baarikulttuurin kanssa
tungetaanko kurkkuumme lisää inhorealistista paskaa
missään ei saa syvä olla, mistään vakavuutta janota
ketä kohta demonisoidaan ilonpilaajana

ole mulle joskus illassa pakottamisen vastakohtaa
eikä tätä kurkkuuntungettua kiitosta jota maistaa
ole mulle joskus runoutta, joskus kirjallisuutta
eikä itsensä markkinoinnin kiillotettuja lauserakenteita

psykopaattien valtakunnassa
psykopaatti on kuningas
petollisuuden valtakunnassa
petollinen on hallitsija

"kuljetaanko suosittujen puolelle kun jaksetaan
ennen kuin ne käsittämättömät reaktiomme paljastaa
nautitaanko persoonallisuushäiriöistä kerskailemalla
että ne ovat kurkkunujutettavaa asenteellisuutta"

kerro huumoria joka ei ole arkisuudella raiskattua
ollaan kevyen sivistyneesti vakavia ja hauskoja
kuiski mulle tapa jolla ärsyyntyminen voitetaan
ollaan sankareita kaukana hysteerisistä reaktioista

Yksinäisyyden lapset

(Morriconen Poverty)

kuin särkyvää venäläistä elokuvaa

1970-luvun tamperelaista nuoruutta

harmaata betonista pellavatehdasta

runouden kaupunginosan peilikuvaa

istuvan lapsen ryhdin ujoa katsetta

huulet puristuvat sitruunaksi joka laulaa

päätyy nuorten juhliin joissa syksyn muistoja

salaperäinen kommunisti baskeripää nurkassa

rikkonaisen lapsuuden tyhjällä roolihahmolla

lapsuuden outo muisto jossa talvista pupillia

se laajenee uimahallissa ja opetusvideossa

ne lapset hauraita muistojen kuoria lumessa

suosituilla ei ole muuta kuin hellää julmuutta

mut' lapsilla moukkamaisen katseen ujoutta

suosituilla sitovan vakavastiotettavaa keskustelua

joka on piikkilankaa sydämeen kietoutuvaa

kun sanat eivät riitä huonosta olosta kertomaan

viaton nuori nainen joka yksinäisen huomaa

hän hetken huomioi ja ystävyydellään lohduttaa

hetken ajan eivät hyviksetkään elämästä kaikkoa

kuin tyhjä kuori sielussa, iho elämän mykkää unta

elämä ja uni kuolleiden puiden hautausmaata

luurissa aikuisen miehen virallista asiallisuutta

mykän haamun elämä johon ei saa selkoa

Kuoleman enkeli

näen maailman minulle nauravan
ja haluan sen mustalla maalata
näen Vietnamin sodan arkistokuvaa
ja haluan tuoda sitä lauluna maailmaan

ei enää elämäni kulje katkerimman kautta
haluan heikkouteni tuhota, kiusaajia tappamalla

näen positiivisuuden alla raakuutta
joten haluan tuoda siihen depressiota
näen elämän olevan minulle petollista
joten haluan tuoda siihen kuolemaa

ei enää naiset laula minulle nauruaan
haluan vallan tuhota, tuhota hymyn haluan

näen maailman ruohoa tuhoavana moottorina
haluan sen aikakaudeksi maalata
näen maailman jyskyttävänä koneena
haluan laittaa rattaisiin kapulan

ei enää sydämeni ole valoa vaan väriä mustaa
outoa löydän siitä voimaa löydän siitä valoa

näen maailman minulle nauravan
haluan hymyn haavaksi kaivertaa
näen television rauhatonta naurua
haluan televisiotonta maailmansotaa

ei enää yleistävää teini-ikäistä huumoria
on enää vain puisto, sota ja loputonta surulaulua

Julmat

Vihapuhuja ihmisarvon tuomitsija
sovinnainen porvari maultansa
kyyninen moukka kyrmyniska
nuiva isällisen ovela kiusaaja
inhottavan väkivaltainen rasistisaasta
urheiluhullu, silmillä teurastaja
keskinkertainen gorilla
vasemmistolainen
baarien tekopyhä
aggressiivinen kusettaja
sosiaalinen armoton kierouden kuningatar
pinnallinen pissis, vittuilija inhorealistinen
autoritaarinen aivoputsaaja

äläsanomitäänkoskaantungekurkkuusiyhteiskunnanpaskaaannamuntunkeillasielusi
herkimpäänkohtaanjavaatimuksiinvaatiapakottamiseenpakottaahellyytemmekeskenäisets
äännötovatvainsinulleheitettyäpaskaa!

Seläntakanapuhujat juoruämmät
epäeroottiset jyrähtäjät
kusipäiset kilpailuhenkiset
viihteen käskevät vihaiset ikonit
pienestä suuttuvat kihisijät
sosiaaliset sotilaat kiusaajat ja
pimittäjät simputtajat ikuiset vittuilijat
junttiniskat, tatuoidut raakalaiset
tekniset insinöörisielut,
kulttuurin halveksujat

(instrumentaalitauko)

Me olemme haavoistasi
syntyvää itsevarmuutta
nuoruuden lähteen janoa,
Me olemme sinuun
kohdistuvasta pilkasta
nousevaa samppanjaa
Me olemme aikuisuuden
väkevää arvokkuutta
maailman kauhun luojia,
sen sietäjiä vahvoja!

Me olemme valloittajat
puolustajat rakkauden
sodan hyökkääjät
Me olemme kielesi leikkaajat
Etenemme lakoamme

kostamme ja raiskaamme
ja otamme viimeisen
sanan maljan!

Me olemme kiiltokuvaa,
rumuutesi vastakohtaa
Öljytty täydellisyyden patsas
Me olemme juhlittua
pyhää ikonihahmoa
Me olemme itse rakkaus,
sen täyttymys julma
Elämän kevät ja
sen kylmyyden pyhitettyä juhlaa

Me olemme lapsentekijöitä
elämän suojelijoita
Me olemme jalustalle
nostettua ihmisohjusta
Me olemme unelmasi
eläen sitä todellisuudessa
Me olemme julmuuden
rakenteiden vakautta
Sopeutumisen armotonta valtaa!

Tampere-Lapua

tuuli jostain kaukaa
puhisee syrjäisen metsän sopukoita
ja nälkäisenä maantieteen huumassa
vaellat ilveksen kaltaisena

ajattelen Suomen karttaa
jossa pisteestä toiseen matkaat
naaraana luontokappaleena
ajattelen Suomen paikkakuntia
joissa kannat akateemista nuoruuttas

kylppärini seinät täynnä muistiinpanoja
junat matkaavat samalla kun niitä kirjoitan
seinän takana elää unelma Suomen nurkista
on tunne raikas kuin janonsammuttaja

taas jossain penkkareita organisoidaan
taas jossain lakkeja heitellään ilmaan
outoa huomata että nuoruus on elävää musiikkia
jossa banderollit esittävät tiedettä ironian

ajattelen television lasista seinää jonka takana
ihmiset kävelivät violetinmustan sateen vaatteissa
aamun ruumishuoneiden ollessa täynnä kurjuutta
jossain vuosikymmen täyttyi festivaalien helikoptereilla

olet vanha sielu, nuoren naisen ruumiissa
sinulla on erikoista energiaa joka hehkuu kauneutta
olet niin puhdas ihminen, niin puhtaan taitava
toivon että muistat minua arvokkaalla tavalla

V

Neptunuksen amerikkalainen pinta

Me seilaamme ees taas
Neptunuksen amerikkalaista pintaa
ja avaruuden pelottavuudessa
lainehdimme jylhinä ja tummina

Haulikonkaltaista
arvokkuutta Amerikan aavikoilla
ajelemme ohi Arizonan kraatterista
olemme pieniä ylhäältä katsottuna

Kuulla
mykän nauhan epämääräistä surinaa
ja nauhurin piilotettuja yksityiskohtia
radion lähettäessä kansainvälisiä signaaleja

Me seilaamme ees taas
kartalla pimeän metsän maan
nuotiolla on pitkiä, polveilevia tarinoita
jossain kaukana kaikesta nopeasta

Minua on paleltanut aina
nopeuden jäisessä viidakossa
kuin internetin kangastuksissa
jälkeenjääneissä kirjoituksissa

Minua on koskettanut aina
tässä läheisyydessä haikeassa
hellät ihmishaamut aikakaudessa
hetkien ainutlaatuisuudessa

Lumivyöryjen elokuvateattereissa
Lumivyöryjen elokuvateattereissa
Lumivyöryjen elokuvateattereissa

Minä haluan vain puhua kulttuurista
minä haluan vain puhua maailmoista
avaruuden pimeässä pelottavuudessa
Neptunuksen amerikkalaisella pinnalla

Planeettoja

On yön valtameri avaruudellista mahtipontisuutta.
On sen sinfonia planeettojen soimista.
On herkkyyteni yksityisyyden mystiikkaa.
On sen tiede lauseiden arkkitehtuuria.

Kuin pyhä huone jossa tanssitaan.
Kuin nuoruuden kosmista iloa.
Kuin avaruuden huumaavaa juhlaa.
Kuin naisia kuin kukkalajeja.

Tämä on mustaa ja harmaata teatteria.
Tämä on pyhää juutalaista laulua.
Tämä on sinertävän lampun hehkua.
Tämä on yön salainen veljeskunta.

Niin kirja polveilee monimutkaisena.
Niin laulu koukeroi kokeellisena.
Niin elokuva kuvaa yön unta.
Niin sarja esittää outoja paikkoja.

Yön metsässä tutkin johtolankoja.
Oikeasti olen vain omassa unessa
Talven pinnalla tutkin kauneutta.
Oikeasti olen vain omassa huoneessa.

Planeettoja, planeettoja.
Kirjaimia, sanoja.
Avaruutta, avaruutta.
Artikkeleita, uutta tietoa.

Meillä on oikeus olla kuulokkeet korvissa.
Meillä on oikeus vetäytyä, olla erakkoja.
Meillä on oikeus valvoa yötä, kulkea sen maisemaa.
Meillä on oikeus unelmoida, omassa tuvassa.

Somnopolis

on Unen yksinäinen kaupunki
täynnä syntejä suunniteltuja

sen yläpuolella valon kaupunki
Jossa synnit aineellistuvat....

Kun ne miehet synnyttivät Uneen kipua
vuosia raadellen sieluun kuolemaa

Ja Unen vakavan masennuksen aikana
He häntä vain julmemmin raatelivat

ja myöhemmin seisoivat viattomina kuvissa
valon kaupungissa, suurina voittajina

kauneimpien tyttöystäviensä vierellä
johti se viimeiseen päivään
ennen Unen kostoa

Todellisuus on kauhistuttava
sen totuus hirvittävä
Unen kaupungin valvoessa
sen armeijan odottaessa kostoaan

Kauhua niin käsittämätöntä kauhua
On Unen kaupungissa kauhua
Ja kauhua sieltä ylöspäin tungetetaan
Pahuutta niin mykistävää pahuutta
On Unen kaupungissa pahuutta
Ja pahuutta sieltä ylöspäin tungetetaan!

Ne naiset raatelivat Uneen tappiota
raiskasivat sydäntä alastomimmillaan

Ja Unen kärsiessä vakavasta masennuksesta
He häntä vain enemmän pilkkasivat

ja pian seisoivat viattomana kuvissa
valon kaupungissa, suurina voittajina

komeimpien poikaystäviensä vierellä
johti se viimeiseen päivään
ennen Unen kostoa

Todellisuus on kauhistuttava
sen totuus hirvittävä
Unen kaupungin valvoessa
sen armeijan odottaessa kostoaan

Kauhua niin käsittämätöntä kauhua
On Unen kaupungissa kauhua
Ja kauhua sieltä ylöspäin tungetetaan
Pahuutta niin käsittämätöntä pahuutta
On Unen kaupungissa pahuutta
Ja pahuutta sieltä ylöspäin tungetetaan!

Pahuutta niin mykistävää pahuutta
On Unen kaupungissa pahuutta
Ja pahuutta sieltä ylöspäin tungetetaan!

Mikrokosmos

On yhteiskunnan yö täynnä poikkeamia

kuin kapitalismin murusten tonkijoita

tai ruotsalaisen prostituution kuilujen likaa

unettoman veljeskunnan mustia aukkoja

Alistetuilla miehillä asuntojen poteroissa

yksinäisten seksielämien solidaarisuutta

internet-kioskien, kebab-verkkojen kalastajat

englanninkielisen kirjallisuuden lukutoukat

Ja luotettavin on Timo Warkaus kaikista
kirjeiden kirjoittaja, järjestävä tapaamisia
hän tuntee tukiviidakon salat
ja hellyyden säännöt, meitä tukevat
hänen
koulukiusatun seuraamme kipua
kuin
haamuina tähtisumussa
me hyökkäämme takaa jos satutetaan
joskus
sopeutujatkin meitä kavahtaa

Ja toiset kun muualla maata nukkuvat

juomme kofeiinijuomia pelaten tammia

kokousten mustat varjot käytävien pinnoilla

elokuvateatterin salissa USA-dokumentteja

Klassikkovideoiden nostalgista hehkua

uutisten seuraamista tyhjistä koloista

yhteiskuntien ahtaiden nurkkien rottia

kaipuun käpertyviä kissanpoikasia

Kustantaja: BoD - Books on Demand, Helsinki, Suomi
Valmistaja: BoD - Books on Demand, Norderstedt, Saksa
ISBN: 978-952-330-751-3